El ratón Pablito

Por Craig Klein Dexemple

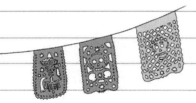

www.spanishcuentos.com

Note from the Author: Thank you for picking up a copy of my book. I hope you will enjoy reading and learning from it. As a comprehensible input and storytelling Spanish teacher, it brings me great joy to share my classroom stories with you. If you need to reach me, don't hesitate to email me at profeklein@spanishcuentos.com

Book designed by Craig Klein Dexemple
Cover design and adaptations by Karen Arévalo and Craig Klein Dexemple

www.spanishcuentos.com
All rights reserved.
ISBN-978-0-9912038-4-0

Contenido:

El
ratón
curioso

Hay un ratón.
El ratón se llama
Pablito.

Pablito vive en el bosque.
Vive en una casa de queso.
La casa de queso está
encima de un árbol.

Un día Pablito sale de la casa y
camina en el
bosque. Pablito
ve árboles,
escucha pájaros
y está contento,

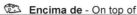 **Encima de** - On top of
Sale – Exits/leaves
Camina – Walks

3

pero de repente Pablito ve algo grande.
¡Qué interesante!

Es una casa grande con tres puertas.

Pablito es un ratón
curioso y va a la
puerta número uno

y abre la puerta y ve
una roca. Una roca no
es interesante.

Pablito cierra la
puerta.

 De repente - Suddenly

Entonces Pablito va a la puerta número dos y

abre la puerta. Pablito ve un lápiz,

pero un lápiz no es interesante y Pablito cierra la puerta.

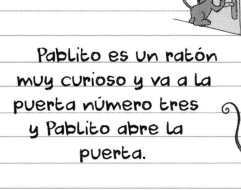

Pablito es un ratón muy curioso y va a la puerta número tres y Pablito abre la puerta.

¡Ay caray! Hay un tomate en el
baño. ¡Qué problema!

Pablito cierra
la puerta.

¡Qué
vergüenza!

¡Qué vergüenza! - How embarrassing!

Pablito es un ratón millonario

Pablito vive en una casa de queso que está encima de un árbol.

Pablito tiene mucho dinero.

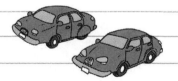

Tiene una limosina verde.

Tiene dos carros rojos.

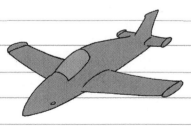

Tiene un avión privado

🧀 Tiene - Has

9

y también tiene muchos amigos.

Un día Pablito organiza una fiesta.

Los ratones bailan y están muy contentos porque Pablito es un ratón generoso,

Miauu

pero de repente, una gata llega

🧀 **Bailan** - They dance
🧀 **Llega** - Arrives

Los ratones corren, gritan y
<u>se esconden</u>.

La gata
<u>agarra</u>
al ratón
Pablito. Los
ratones
están muy
nerviosos.

"No te comas a
Pablito"

🧀 **Se esconden** - They hide
🧀 **Agarra** - Grabs

Pablito no tiene miedo
porque es su esposa.

¡Qué
romántico!

No tiene miedo - is not scared

Pablito vuela  en su avión privado a Buenos Aires, Argentina.

Pablito llega a Buenos Aires y ve una limosina.

Pablito es un ratón muy curioso y abre la puerta número uno.

¡Ay caray! Pablito ve un toro y tiene mucho miedo.

Pablito cierra la puerta.

Pablito es un ratón muy curioso y va
a la puerta número dos

y abre la puerta

¿Qué? No ve nada.

Arrrr

¡Ay no! Pablito ve
un monstruo verde
y tiene miedo.

Pablito cierra
la puerta.

Pablito es un ratón muy curioso y va
a la puerta número tres

y abre la puerta.
Pablito ve una
bruja en bikini.

Jejeje
jijiji

La bruja se ríe
pero Pablito no
cierra la puerta

Se ríe - Laughs

y la bruja le
da un beso en
la nariz.

!Qué asco!

Pablito
no está
contento.

¡Qué asco! - How disgusting!

La roca tonta

Pablito visita
una ciudad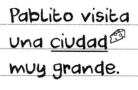
muy grande.

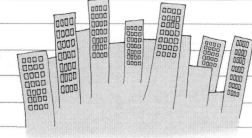

En la ciudad
hay edificios

hay muchos carros,

pero también hay
mucho ruido.

¡Qué ruido!

Ciudad - City
¡Qué ruido! - How noisy!

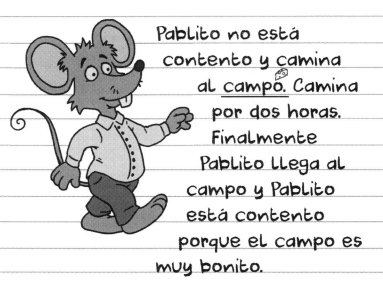

Pablito no está contento y camina al campo. Camina por dos horas. Finalmente Pablito llega al campo y Pablito está contento porque el campo es muy bonito.

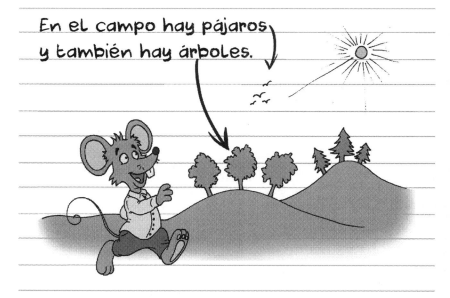

En el campo hay pájaros y también hay árboles.

Campo - Countryside

Pablito está contento, pero de repente, Pablito ve una roca enorme.

Una roca muy grande.

Pablito dice:

pero la roca no responde.

Dice - Says

Pablito dice otra vez

pero la roca no responde.

Pablito no está contento y Pablito grita:

pero la roca no responde.

Otra vez - Again

Pablito está furioso y
Le da una patada a la roca.

¡Qué problema!

¡Ay mi pie!

dice Pablito y
Pablito repite:

Roca tonta
Roca tonta

Repite otra vez,

Roca tonta

Le da una patada - Kicks
Tonta - Dumb

y llora pero la roca abre los
ojos, abre la boca, se ríe y dice:

El matador guapo

Hay un matador muy famoso y muy guapo.

El matador vive en España. En Sevilla, España.

España

Sevilla
X

Cuando sale al balcón las muchachas dicen:

Mi amor te amo

Uy papacito

🧀 **Cuando** - When

Cuando sale a la puerta las muchachas gritan:

EL matador corre.

Un día el matador sale de Sevilla y va a Madrid, la capital de España.

En Madrid va a la plaza de toros.

En la plaza de toros hay muchas personas

y cuando sale el matador, las muchachas gritan

Mi amor

Te amo

Guapo

Papi

y tiran flores.

Tiran - They throw

pero el matador
no está contento,
está nervioso.

¡Ay no! La puerta se
abre y hay silencio.

El matador está
muy nervioso,

pero de repente, ve al toro.

¿Eh? No es
un toro,
es una vaca
lechera.

Socorro

La vaca <u>persigue</u>  al matador.

Increible, la vaca captura al matador

y le da un beso grande.

¡Qué asco!

ja ja ja

Pablito se ríe.

¡Ay Pablito!

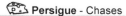
Persigue - Chases

Los tres sombreros

En el desierto
de Chile vive
un oso.

El oso se
llama Marcos.

Un día Marcos camina en el desierto y
ve tres sombreros y un pájaro pequeño.

El sombrero grande es de México.
El sombrero mediano es de Colombia
y el sombrero pequeño es de Bolivia.

De repente, el pájaro pequeño pregunta: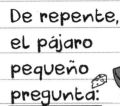

Oso... oso...
¿Qué hay debajo del sombrero grande?

El oso Marcos es un oso muy curioso y levanta  el sombrero grande.

Ve una araña.

¡Ay!

Al oso Marcos no le gustan las arañas y tiene miedo,

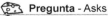 **Pregunta** - Asks
¿Qué hay debajo de...? - What's under the...?
Levanta - Lifts

pero el pájaro pequeño pregunta
otra vez:

Oso... oso...
¿Qué hay debajo
del sombrero
mediano?

El oso Marcos es un
oso muy curioso y
levanta el sombrero
mediano

y ve al ratón
Pablito.

¡Ay!

Al oso Marcos no le
gustan los ratones y
tiene miedo,

pero el pájaro pequeño pregunta otra
vez:

El oso Marcos es un
oso muy curioso y
levanta el sombrero
pequeño.

El oso Marcos ve un elefante en
ropa interior

¿Qué?

🧀 **Ropa interior** - Underwear

Marcos está confundido.

Pablito va a la playa

Un día Pablito va a la playa.
En la playa hace
viento, hace sol y hace mucho calor.

De repente, Pablito ve un barco.

Pablito tiene una
idea.

Pablito navega en el barco.

Pero de repente, el pájaro pequeño llega y pregunta:

Pablito...Pablito...
¿Qué hay debajo
del agua?

Pablito es un ratón muy curioso y salta al agua.

Pablito nada debajo del agua y está muy contento.

Pablito ve peces, ve plantas

ve un caballo de mar

ve una tortuga

y ve una estrella de mar

pero de repente, ve algo grande.

¿Qué es? ¿Es un tiburón? No sé...

Es un pulpo enorme y tiene hambre.

¿Qué?

Pablito tiene mucho miedo.

¡Ay no! El pulpo agarra a Pablito y abre la boca.

¿Qué? De repente, un submarino llega.

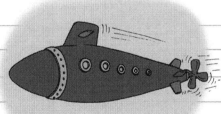

En el submarino hay una muchacha.

La muchacha nada hacia el pulpo.

¡Increíble! La muchacha muerde al pulpo.

El pulpo llora.

Pablito escapa y está contento.

Hacia - Towards

La muchacha es muy <u>valiente</u>

y muy fuerte.

La
poción
mágica

Una noche
Pablito camina
por la ciudad,

pero de
repente, ve
tres gatos.
Pablito tiene
mucho miedo.

"¡Socorro!"

Pablito
grita y
corre.

Pablito ve una caja.

Pablito salta y se esconde dentro de la caja.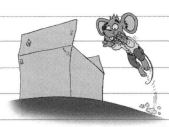

Los gatos buscan y buscan pero no ven al ratón Pablito.

De repente el pájaro pequeño llega y pregunta:

Gatos...gatos... ¿Qué hay dentro de la caja?

Caja - Box
Dentro de - Inside
¿Qué hay dentro de..? – What's inside the..?

54

Los gatos no escuchan y el pájaro pequeño pregunta otra vez:

Gatos...gatos... ¿Qué hay dentro de la caja?

Finalmente los gatos escuchan y ven la caja.

Pablito tiene mucho miedo.

¿Qué?

Pablito ve una botella.

Pablito agarra la botella. ¡Es una poción mágica!

Pablito se toma el líquido.

¡Increíble! Pablito se transforma en un ratón verde, grande y fuerte.

¡Ay caray! Pablito
levanta un carro

y tira el carro.

En la luna
hay un
extraterrestre.

¡Ay no! El carro
aplasta la <u>nave</u>
<u>espacial</u>.

Nave espacial - Spaceship

Los gatos gritan y corren.

Pablito está contento, pero de
repente, las ratonas llegan y dicen:

¡Ay qué guapo!

¿Eh?

Pablito está
nervioso.

Ay caray, las ratonas le dan
tres besos.

El ratón Pablito
corre y escapa.

Le dan - They give him

En la clase de español los estudiantes están contentos, la profesora está contenta,

pero de repente, Jack pregunta:

Profe... profe... ¿Puedo tomar agua?

La profesora responde:

Claro que sí

Claro que sí - Of course.

Jack va a la
fuente de agua
y toma agua.

Jack regresa
a clase.

De repente, Andy pregunta:

Profe... profe...
¿Puedo ir al baño?

y la profesora responde:

Claro que sí

Regresa - Returns

64

 Andy va al baño de
los niños. Hace pipí,
y está contento.

Se lava las manos

 y regresa a clase.

¡Ay no! Abby también pregunta:

 Profe... profe...
¿Puedo ir
al baño?

La profesora responde:

 Claro que sí

Abby va al baño de
las niñas y abre la
puerta.

¡Uy! El baño de las niñas es
muy bonito.

Abby se sienta  en el
inodoro pero no hace
pipí porque tiene un
secreto.

El inodoro
es especial
y Abby
vuela.

 ¡Qué
divertido!

Se sienta - Sits
Inodoro - Toilet

66

 Abby se escapa de la escuela

y vuela a la playa.

Las personas en la playa están confundidas.

 Increíble, Abby hace Jet-ski en el agua.

Las personas en la playa están sorprendidas,

pero la profesora de español está furiosa.

La noche de brujas

En Caracas, Venezuela, vive una muchacha.

La muchacha se llama CRISTINA

Una noche Cristina va al cementerio

y escucha un gato.

Miau

También escucha las campanas de la iglesia.

Tin
Tan
Tin

Cristina mira el reloj. ¿Qué hora es? Son las doce de la noche. Es la medianoche.

 **Medianoche** - Midnight

¡Ay caray! Cristina ve un fantasma.

BUUU

Cristina corre y de repente, escucha una bruja.

ji ji ji ji ja ja ja

Cristina tiene mucho miedo y grita.

AHHHH

¡Qué alivio! Es una pesadilla.

Cristina prende el televisor y ve "The Walking Dedo".

WALKING DEDO

¡Qué alivio! - What a relief!
Pesadilla - Nightmare

Cristina apaga el televisor.

De repente, ve el calendario.
Es el 31 de octubre.

¡Qué horror!

La la la
Le Le Li

¿Qué?

Alguien canta en el closet.
Cristina tiene mucho miedo.

Ahhhhhh

Cristina ve un esqueleto.

Alguien - Someone

73

Pero no es un esqueleto real. Es la hermana pequeña de Cristina y tiene un disfraz y una calabaza con dulces.

Cristina dice:

¡Sorpresa!

ji ji ji ji

¿En serio? ¿Mi hermana pequeña otra vez?

La hermana pequeña se ríe.

¡Qué malcriada!

Ja ja ja ja je je je

Pablito también se ríe.

¡Qué malcriada! - How naughty!

La confusión

 Paula es de Canadá pero un día va a Oaxaca, México de vacaciones.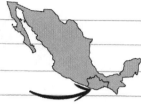

Pasa por el cementerio y ve las tumbas muy decoradas. ¡Qué bonito!

 ¿Ah? De repente, sale una mano de la tierra.

Sale otra mano.

Una calavera.

Un esqueleto

Paula grita y corre. Los muertos
persiguen a Paula. Paula corre y corre.

Está cansada pero
hay muchos... muchos
muertos.

Paula tiene
mucho miedo, pero de
repente, ve una casa.

Paula abre la
puerta, entra
y cierra la
puerta.

En la casa ve papel picado
y ve un altar.
El altar tiene una
calavera,
tiene frutas,
pan,
fotos, flores, velas
y muchos colores.

Altar

¡Ay no!" Los muertos
abren la puerta y
entran a la casa.

Paula tiene mucho miedo y
pregunta:

¿Es
Halloween?

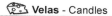 **Velas** - Candles

y uno de los muertos responde:

No te confundas y no tengas miedo, es el Día de los Muertos. Baila, canta, hay fiesta y música.

No te confundas - Don't be confused

Paula baila con los muertos.

Pablito también baila.

La batalla

En el océano hay una isla muy bonita.

Un día el ratón Pablito ve
un barco en el océano.

¡Ay no! Es el barco
del gato García.

¡Atención...
atención!... El
barco del gato
García ¡Es el
barco del gato
García!

El barco del gato Garcia navega y llega a la isla.

El gato Garcia sale del barco con su tanque.

En el Castillo los ratones están muy nerviosos.

El gato Garcia busca a los ratones. Finalmente llega al castillo.

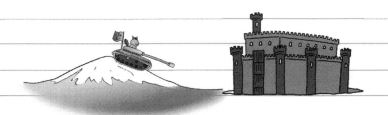

Es un castillo enorme
y el gato García está
muy contento,

pero de repente,
los ratones
abren la puerta

¡PUM!

¿Qué? Los
ratones tienen
un tanque.

El gato García no
tiene miedo. El gato
García es valiente y
está furioso.

El gato García dispara una fresa

pero no le pega al tanque
de los ratones.

El tanque de los ratones dispara una manzana

pero no le pega al
tanque del gato García.

Dispara - Shoots

El gato García dispara un oso de peluche

y le pega al tanque de los ratones.

El tanque de los ratones
se cae.

¡Ayyy!

¡PUM!

Se cae - Falls

Los ratones
gritan y lloran,

Ahhh

Socorro

pero de repente,
el gato García
escucha un
helicóptero.

El piloto del
helicóptero es
el ratón Pablito

El ratón Pablito tira una
hamburguesa
con queso
y le pega
en la cabeza.

El helicóptero va
al barco y Pablito
tira un televisor.
¡Ay caray!

El barco se hunde.

Se hunde - Sinks

91

Los peces en el océano están contentos porque tienen una nueva casa,

pero el gato García no está contento. El gato García llora.

Los ratones capturan al gato García.

El gato García está en prisión y está <u>triste</u>.

Está triste - Is sad

La tomatina de Buñol

Pablito tiene una
amiga. La amiga se
llama

Anita Shower

Anita Shower vive
en Los Estados Unidos

pero Anita Shower tiene
un problema muy grande.
Está sucia y huele mal.
Huele muy mal.

En la casa el
hermano pequeño
dice:

La mamá dice:

Anita está
sucia otra vez

Anita huele mal

Está sucia - Is dirty
Huele mal - Smells bad

95

El papá no está contento:

y el abuelo está enfermo :

Huele muy mal

tos... tos...tos...

Pablito se cae

Los perros no están contentos y lloran.

Anita Shower va al jardín pero las flores se mueren.

Anita Shower está triste pero un día prende el televisor y ve un comercial de La tomatina de Buñol en España.

La Tomatina

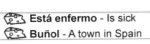 **Está enfermo** - Is sick
 Buñol - A town in Spain

96

Es una lucha de tomates
enorme. La ciudad está
sucia,

Las personas están
sucias,

pero están contentas.

Anita Shower tiene
una idea. Anita
Shower quiere ir a La
tomatina de Buñol
en España.

Anita Shower no vuela a España,
nada a España.
¡Ay no! Los peces en
el océano se mueren
porque Anita Shower
huele muy mal.

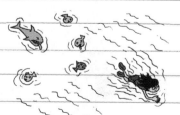

Una lucha - A fight
Quiere ir - Wants to go

97

Anita Shower nada
por muchas horas
y finalmente
Llega a España.

 Anita Shower
camina a
Buñol.

Finalmente Llega a Buñol y ve La
tomatina. Las personas tiran tomates y
están muy contentas.

pero de repente, los tomates
ven a Anita Shower y corren y
gritan.

Socorro

Ahhh

Las personas están furiosas.

Ey

muchacha

es tu culpa

¡Qué problema!
es el fin de la fiesta

Anita Shower llora.

🧀 **Es tu culpa** - It's your fault

Un bombero
tiene una idea.

 El bombero Limpia a
Anita Shower y Anita
Shower está Limpia

y los tomates
regresan.

Anita Shower tira tomates en la
tomatina y está muy contenta.

 Limpia - Cleans
Está limpia - Is clean

El Cinco de Mayo

Charlie vive en Perú. En Perú, Nebraska.

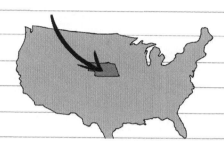

El mejor amigo de Charlie se llama José.

México

José es de México.

Charlie y José son muy buenos amigos.

Juegan fútbol,

juegan básquetbol,

y también juegan videojuegos.

Un dia Charlie ve el calendario: Es El Cinco de Mayo.

En los Estados Unidos las personas celebran El Cinco de Mayo en las escuelas y restaurantes...

Charlie piensa
en José y corre
a la tienda

y compra un sombrero enorme,
compra un bigote grande y unas
maracas de colores.

Charlie se pone
el sombrero y
el bigote

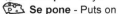 **Piensa** - Thinks
 Compra - Buys
Se pone - Puts on

y va a la casa de José.

La familia de José está sorprendida y un poco ofendida.

José dice:

Soy de Colima, México y no celebro la batalla de Puebla. Mi mamá es de Ecuador y en Ecuador no celebran El Cinco de Mayo. Nadie en mi casa celebra El Cinco de Mayo.

Vocabulario:

Abre Opens
Agarra Grabs
Agua Water
Algo Something
Alguien Someone
Amiga Friend
Amor Love
Apaga Turns off
Aplasta Smashes
Araña Spider
Árboles Trees
Atención Attention
Avión Airplane
Ay Oh
Ay caray Oh no
Baila Dances
Bailan They dance
Balcón Balcony
Baño Bathroom
Barco Boat
Batalla Battle
Beso Kiss
Bigote Mustache
Boca Mouth
Bombero Fireman
Bonito Pretty
Bosque Forest
Botella Bottle
Bruja Witch
Buñol A town in Spain
Busca Looks for
Buscan They look for
Caballo de mar Seahorse
Cabeza Head
Caja Box
Calabaza Pumpkin
Calavera Skull
Calendario Calendar
Caliente Hot

Camina Walks
Campanas Bells
Campo Countryside
Canta Sings
Captura Captures
Capturan They capture
Carro Car
Casa House
Castillo Castle
Cementerio Cemetery
Cierra Closes
Ciudad City
Claro que sí Of course
Clase Class
Colores Colors
Comercial Commercial
Compra Buys
Con With
Corre Runs
Corren They run
Cuando When
Cuatro Four
Culpa Fault
Curioso Curious
De From
De repente Suddenly
Debajo de Under
Decoradas Decorated
Dedo Finger
Dentro de Inside
Desierto Desert
Día Day
Dice Says
Dicen They say
Dinero Money
Disfraz Costume
Dispara Shoots
Doce Twelve
Dos Two

III

Dulces Candy
Edificios Buildings
El The
Elefante Elephant
En In
¿En serio? Seriously?
Encima de On top of
Enorme Enormous
Entonces So
Entra Enters
Es Is
Es de Is from
Escapa Escapes
Escucha Listens/hears
Escuela School
Español Spanish
Especial Special
Espérame Wait for me
Esposa Wife
Esqueleto Skeleton
Está Is
Está confundido Is confused
Está contento Is happy
Está enfermo Is sick
Está furioso Is furious
Está limpia Is clean
Están confundidas They're confused
Está nervioso Is nervous
Está ofendida Is offended
Está sucia Is dirty
Está triste Is sad
Están limpias They're clean
Están nerviosos They're nervous
Están sorprendidas They're surprised
Es tu culpa It's your fault
Estrella de mar Starfish
Estudiantes Students
Ey Hey
Extraterrestre Alien
Famoso Famous
Fantasma Ghost
Fiesta Party
Fin End

Finalmente Finally
Flores Flowers
Fotos Photos
Fresa Strawberries
Frutas Fruits
Fuerte Strong
Fútbol Soccer
Gata Female cat
Gatos Cats
Generoso Generous
Grande Big
Grita Yells/Screams
Gritan They yell/scream
Guapo Handsome
Hace calor It's hot
Hace pipí Pees
Hace sol It's sunny
Hace viento It's windy
Hacia Towards
Hamburguesa Hamburger
Hay There is
Hermana Sister
Hermano Brother
Hola Hi
Hora Hour
Huele mal Smells bad
Idea Idea
Iglesia Church
¡Increíble! Incredible!
Inodoro Toilet
Interesante Interesting
Isla Island
Ja ja je je ji ji Ha ha he he hi hi
Jardín Garden
La The
La tomatina A famous tomato fight
Lápiz Pencil
Le Him/her
Le dan They give him
Le da un beso Kisses
Le da una patada Kicks
Le pega Hits
Lechera Milking
Levanta Lifts

112

Limosina Limousine
Limpia Cleans
Líquido Liquid
Llega Arrives
Llora Cries
Lloran They cry
Los The
Lucha Fight
Mágica Magical
Mamá Mom
Mano Hand
Manzana Apple
Matador Bullfighter
Mediano Medium size
Medianoche Midnight
Mi My/me
Mira Looks at
Monstruo Monster
Muchachas Girls
Mucho A lot
Muerde Bites
Muerdo I bite
Muertos Dead
Música Music
Muuu Mooo
Muy Very
Nada Swims/nothing
Nariz Nose
Nave espacial Spaceship
Navega Navegates
Niñas Girls
Niños Boys
No corras Don't run
No está contento Isn't happy
No le gustan Doesn't like
No sé I don't know
No te comas Don't eat
No te confundas Don't be confused
No tengas miedo Don't be afraid
Noche Night
Nueva New
Número Number
Océano Ocean
Octubre October

Ojos Eyes
Organiza Organizes
Oso Bear
Otra Another
Otra vez Again
Pájaro Bird
Pan Bread
Papá Dad
Papacito Hot guy
Papel picado Paper banner
Pasa por Pases by
Peces Fish
Peluche Stuffed animal
Pequeño Little
Perros Dogs
Persigue Chases
Personas People
Pero But
Pesadilla Nightmare
Pie Foot
Piensa Thinks
Plantas Plants
Playa Beach
Plaza de toros Bullring
Poción Potion
Por By
Porque Because
Pregunta Asks
Prende Turns on
Prisión Prison
Privado Private
Problema Problem
Profe Abbreviation for Teacher
Profesora Female teacher
¿Puedo ir al baño? May I go to the bathroom
¿Puedo tomar agua? May I get a drink of water?
Puerta Door
Pulpo Octopus
¡Qué alivio! What a relief!
¡Qué asco! How disgusting!
¡Qué bonito! How pretty!
¡Qué divertido! How fun!

¿**Qué es?** What is it?
¿**Qué hay**....? What's?
¿**Qué hora es?** What time is it?
¡**Qué horror!** Horrible!
¡**Qué interesante!** How interesting!
¡**Qué malcriada!** How naughty!
¡**Qué problema!** What a problem!
¡**Qué romántico!** How romantic!
¡**Qué ruido!** How noisy!
¡**Qué vergüenza!** How embarrassing!
¿**Qué?** What?
Queso Cheese
Quiere ir Wants to go
Ratón Mouse
Ratonas Female mice
Ratones Mice
Regresa Returns
Regresan They return
Reloj Watch
Repite Repeats
Responde Responds
Roca Rock
Rojo Red
Ropa interior Underwear
Ruido Noise
Sale Exits/leaves
Salta Jumps
Se abre Opens
Se cae Falls
Se esconde Hides
Se esconden They hide
Se hunde Sinks
Se lava las manos Washes his/her hands
Se llama His/her name is
Se mueren They die
Se pone Puts on
Se ríe Laughs
Se sienta Sits
Se transforma en Transforms into
Secreto Secret
Silencio Silence
Socorro Help
Sombreros Hats

Son las doce It's twelve (o'clock)
Sorpresa Surprise
Soy de I'm from
Su His/Hers
Submarino Submarine
También Also
Tanque Tank
Televisor Television
Tiburón Shark
Tienda Store
Tiene Has
Tiene hambre Is hungry
Tiene miedo Is scared
Tierra Earth/Ground
Tira Throws
Tiran They throw
Toma Drinks
Tomate Tomato
Tonto Dumb
Toro Bull
Tortuga Turtle
Tos.. tos.. Cough.. cough..
Tres Three
Tu Your
Tumbas Graves
Un A
Un día One day
Una A
Uno One
Uy Oh
Va a Goes to
Vaca Cow
Vacaciones Vacation
Valiente Brave
Velas Candles
Ve Sees
Ven They see
Verde Green
Videojuegos Videogames
Visita Visits
Vive Lives
Vuela Flies
Y And
Yo I

Made in the
USA
Monee, IL